UN

AVANT-PROJET DE LOI

SUR LA

RESPONSABILITÉ EN MATIÈRE D'ACCIDENTS

AGRICOLES

PRÉSENTÉ PAR

M. DESCOURS DESACRES

Président de la Caisse régionale du Centre et de la Normandie

AU NOM

de la Commission spéciale nommée par le Congrès de Montpellier

LE MANS

ASSOCIATION OUVRIÈRE DE L'IMPRIMERIE DROUIN

5 — RUE DU PORC-ÉPIC — 5

—

1909

UN

AVANT-PROJET DE LOI

SUR LA

RESPONSABILITÉ EN MATIÈRE D'ACCIDENTS

AGRICOLES

PRÉSENTÉ PAR

M. DESCOURS DESACRES

Président de la Caisse régionale du Centre et de la Normandie

AU NOM

de la Commission spéciale nommée par le Congrès de Montpellier

LE MANS

ASSOCIATION OUVRIÈRE DE L'IMPRIMERIE DROUIN

5 — RUE DU PORC-ÉPIC — 5

1909

MEMBRES DE LA COMMISSION

nommée par la Fédération des Caisses Régionales

————

MM.

Cordelet et Viger, sénateurs ;

Astier, Decker-David et Fernand David, députés ;

J. Bénard, régent de la Banque de France ;

Th. Brière, Descours Desacres, Egasse, Lesage, E. Montet, Poisson, Papin, Riverain.

————

UN AVANT-PROJET DE LOI

SUR LA

RESPONSABILITÉ EN MATIÈRE D'ACCIDENTS AGRICOLES

PRÉSENTÉ PAR

M. DESCOURS DESACRES, président de la Caisse régionale
du Centre et de la Normandie

AU NOM

de la Commission spéciale nommée par le Congrès de Montpellier.

On sait qu'un projet de loi, dont l'objet est d'étendre aux
exploitations agricoles la législation sur les accidents du travail,
a été déposé sur le bureau de la Chambre des députés, par le
Gouvernement le 5 novembre 1906.

On sait qu'un rapport, suivi d'un projet de loi modifié, a été
présenté par M. Chauvin, député, le 22 février 1907, au nom de
la Commission d'assurance et de prévoyance sociales, chargée
d'examiner le projet de loi ayant pour objet d'étendre aux exploitations agricoles la législation sur les accidents du travail.

Qu'à la suite, M. Chaigne, député, a émis sur ce projet, le
4 juillet 1907, l'avis de la Commission de l'agriculture. La Commission de l'agriculture, écrit M. Chaigne en terminant son
rapport, estime qu'il y a lieu, à l'aide « d'un questionnaire
détaillé portant sur le principe même de la loi et sur les conditions de son application » d'ouvrir une enquête auprès des
Conseils généraux, des Comices, des Syndicats et de toutes les
associations agricoles ouvrières et patronales.

On sait qu'une nouvelle proposition de loi sur les responsabilités des accidents agricoles a été soumise à la Chambre, par
M. Beauregard, député de la Seine, le 24 octobre 1907.

On sait en outre qu'un rapport supplémentaire a été déposé le
13 octobre 1908 par M. le député Chauvin, au nom de la Commission d'assurance et de prévoyance sociales.

On sait enfin que diverses associations agricoles, justement émues des dangers que pourrait faire courir à l'agriculture une loi sur la responsabilité des accidents agricoles du travail, qui ne serait pas en harmonie avec les nécessités agricoles, ont présenté, à la Commission chargée de l'examen de la loi, différents vœux tendant à obtenir les modifications indispensables aux textes de la loi proposée.

*
* *

Lors du Congrès de Montpellier, cette grave question a été reprise par M. Brière, Directeur de la Mutuelle agricole accidents « *la Sarthoise* » créée par le puissant Syndicat des Agriculteurs de la Sarthe qui a soutenu devant le Congrès les conclusions de son intéressant « rapport sur les assurances contre les accidents agricoles ». Ce rapport concluait à la nomination par l'Assemblée de la Fédération des Caisses régionales, d'une Commission qui serait chargée de présenter aux Commissions du Sénat et de la Chambre les doléances de l'agriculture, au sujet des projets de lois déposés les 25 novembre 1906 et 22 février 1907. Les conclusions du rapport ont été adoptées à l'unanimité.

La Commission nommée par la Fédération des Caisses régionales, a chargé M. Descours Desacres de rédiger un avant-projet pour servir de base à la discussion.

La Commission s'est réunie plusieurs fois à Paris ; dans sa dernière séance le 6 décembre 1909, après amendements et à l'unanimité. elle a adopté l'avant-projet de loi qui lui avait été soumis.

C'est ce texte qui a été communiqué aux Caisses régionales de crédit agricole mutuel.

On ne saurait trop souhaiter que toutes les Caisses régionales, chacune dans leur ressort, complètent cette consultation, si elles le jugent bon, en s'adressant aux sociétés agricoles de leur région et en faisant parvenir leur avis à la Commission.

Dans son Assemblée générale annuelle, la Fédération des Caisses régionales sera appelée à discuter cet avant-projet.

A la suite, la Commission de la Fédération, s'il y a lieu, présentera l'avant-projet, sous forme de vœu, aux Commissions du Sénat et de la Chambre des Députés.

*
* *

Il convient en peu de mots, d'expliquer sur quels points prin-
cipaux, l'avant-projet de loi élaboré par la Fédération diffère du
projet déposé par le Gouvernement :

La Commission de la Fédération a pensé qu'au cas où le principe de la responsabilité des accidents du travail en matière
agricole devrait être admis dans notre législation, l'agriculture
aurait intérêt à être régie par une loi spéciale complète, sans
références à la loi du 9 avril 1898 ; que cette loi devrait être générale, c'est-à-dire, ne comporter aucune des exceptions, ni des
classements définis dans le projet du gouvernement, exceptions
qui seraient la source d'abus et de procès.

La Commission de la Fédération a pensé que la preuve néga-
tive de l'accident ne saurait être mise à la charge de l'employeur,
cette preuve ne pouvant, ni pratiquement ni théoriquement être
faite par lui ; et, qu'en aucun cas il ne pouvait appartenir à l'employeur, parfois ignorant de l'accident, plutôt qu'à l'employé, de
faire, à la suite de cet accident, les déclarations nécessaires.

Elle a pensé que l'indemnité devait être déterminée suivant
une règle générale et d'après un barême ayant pour base le
salaire moyen annuel ; que cette indemnité serait utilement
acquise sans condition de durée minima de chômage : qu'il
importait en outre de ne pas reconnaître aux familles nombreuses
(au risque de voir ces faveurs se retourner contre elles), des
faveurs qui ne seraient pas accordées aux familles moyennes ;
qu'il convenait enfin, de laisser au sinistré le choix des médecin
et pharmacien, mais qu'il n'importait pas moins de prendre telles
garanties que possible, afin de diminuer le nombre des abus qui
ont si justement ému l'opinion publique.

Sur les deux points spéciaux relatifs aux assurances et au fonds
de garantie la Commission de la Fédération a estimé : sur le
premier point, que l'assurance contractée par l'employeur, en
raison des avantages généraux qu'elle présente devait être parti-
culièrement encouragée ; sur le deuxième point, que le fonds de
garantie auquel il ne serait fait appel qu'en cas d'insolvabilité de
l'employeur-débiteur, ne devait être alimenté que par les em-

ployeurs non assurés, dont les sinistres seraient les seuls réglés, le cas échéant, à l'aide du fonds de garantie : tous les autres sinistres étant réglés par des compagnies d'assurances, sociétés ou syndicats surveillés et contrôlés par l'Etat, dont la solvabilité restait de ce fait certaine.

De façon générale, la Commission de la Fédération a pensé qu'il convenait de se référer, chaque fois qu'il était possible, aux règles du droit commun. Son avis sur ce point n'a pas différé en matière de procédure comme en matière de compétence ; mais elle a estimé qu'il convenait de permettre au juge de solutionner rapidement, d'urgence, toutes actions nées de l'application de la loi nouvelle.

Telles sont les observations qu'il convenait semble-t-il de présenter en tête de l'avant-projet provisoirement élaboré par la Commission de la Fédération des Caisses régionales et dont le texte suit.

* * *

TITRE PREMIER. — Responsabilités.

Article premier.

Tout employeur, qui ne serait pas déjà soumis aux lois des 9 avril 1898, 30 juin 1899 et 12 avril 1906, sera responsable, en vertu de la présente loi, des accidents ayant amené une interruption de travail et survenus, par le fait du travail, à toute personne salariée ou non, employée directement par lui au moment de l'accident, à des travaux quelconques ayant pour but, direct ou indirect, d'obtenir une production agricole quelconque, ou une mise en valeur agricole quelconque du sol.

La responsabilité de l'employeur cessera en cas de faute inexcusable de l'employé ; la brutalité avec les animaux ou l'ivresse, cause de l'accident, sera toujours considérée comme une faute inexcusable.

Art. 2.

Toutes opérations ou tous travaux agricoles, entrepris en commun, par des employeurs, entraîneront leur responsabilité solidaire, sauf recours entre eux d'après les règles du droit commun.

Art. 3.

Les employés désignés aux articles précédents ne pourront, en raison des accidents à eux survenus, se prévaloir auprès de l'employeur, d'aucunes dispositions légales autres que celles de la présente loi.

Ces employés pourront, auprès des tiers, se prévaloir des actions dérivant du droit commun.

Les indemnités qui pourraient leur être allouées de ce chef serviront, jusqu'à due concurrence, à exonérer l'employeur des obligations mises à sa charge par le fait des tiers. Si ces actions n'étaient pas exercées par les sinistrés, l'employeur pourrait répéter, auprès des tiers responsables, le payement des sommes payées par lui, à la suite des accidents survenus par le fait ou par la faute de ceux-ci.

TITRE II. — Indemnités.

Art. 4.

Les accidents, déterminés à l'article 1er, seront réparés à l'aide du payement, par l'employeur responsable, d'une indemnité journalière en cas d'incapacité temporaire de travail, et d'une rente viagère au profit, soit du sinistré, soit de ses ayants-droit, en cas d'incapacité permanente, partielle ou totale, ou en cas de mort.

L'employeur devra en outre le remboursement, à qui de droit, des frais médicaux, pharmaceutiques et d'hospitalisation et les frais d'inhumation.

Art. 5.

L'indemnité journalière, ou indemnité temporaire, est fixée à la moitié du salaire quotidien calculé sur la moyenne annuelle du salaire pendant l'année qui a précédé l'accident ; ou : si l'employé n'était pas rétribué, ou était rétribué en nature, à la moitié de ce qu'aurait pu être ce salaire.

La faute inexcusable de l'employeur permettra au juge de majorer l'indemnité journalière jusqu'à la limite du plein salaire quotidien.

L'indemnité temporaire sera due depuis le jour de l'accident jusqu'au jour de la guérison ou jusqu'au jour de la consolidation de la blessure.

Art. 6.

La rente viagère due au sinistré, en cas d'incapacité permanente, soit totale, soit partielle, sera calculée sur la même base que l'indemnité journalière ; elle est fixée, en cas d'incapacité totale, à la moitié de son salaire annuel ; en cas d'incapacité partielle, à la moitié de la réduction que l'accident aura fait subir à ce salaire.

La faute inexcusable de l'employeur permettra au juge de majorer l'indemnité permanente jusqu'à la limite, de la réduction de salaire subie en cas d'incapacité partielle, ou du plein salaire en cas d'incapacité totale.

En cas de mort du sinistré, une rente viagère sera due, dans les conditions stipulées au paragraphe suivant, aux enfants et, en l'absence d'enfant, à l'époux survivant âgé de 60 ans au moins, ainsi qu'aux père et mère du sinistré, s'il est établi que ces derniers n'ont pas de moyen d'existence et qu'ils étaient antérieurement à l'accident, à la charge du sinistré.

Les enfants mineurs recevront, jusqu'à l'âge de 16 ans, la totalité de la rente viagère qui aurait été servie au sinistré, pour incapacité totale de travail, si les enfants appelés au bénéfice de cette rente sont au nombre de trois au moins, les deux tiers de cette rente s'ils sont au nombre de deux, le tiers de cette rente au cas où un seul enfant serait appelé à en bénéficier.

L'époux survivant, sans enfant et âgé de plus de 60 ans, recevra jusqu'à son décès la moitié de la rente viagère qui aurait été servie au sinistré pour incapacité totale de travail. Les père et mère du sinistré, ainsi qu'il est dit au § 2, recevront, jusqu'à leur décès, le quart de la rente viagère qui aurait été servie au sinistré pour incapacité totale de travail.

Ces rentes, comme aussi toutes provisions qui pourraient être ordonnées par le juge, seront incessibles ou insaisissables. Les arrérages des rentes courront au profit du sinistré, à partir du jour de la consolidation de la blessure.

Art. 7.

En l'absence de dispositions législatives spéciales des pays étrangers, garantissant aux Français employés dans ce pays des avantages équivalents aux présentes dispositions, tous employés étrangers, victimes des accidents prévus à l'article 1ᵉʳ, ne bénéficieront des avantages de la présente loi que tant qu'ils résideront sur le territoire français.

Art. 8.

Les sinistrés dont le salaire annuel dépassera 1.000 francs ne bénéficieront du plein de l'indemnité journalière ou permanente, que jusqu'à concurrence de cette somme ; pour le surplus, ils n'auront droit qu'au quart des indemnités journalières ou des rentes déterminées aux articles 5 et 6.

Art. 9.

Le médecin et le pharmacien, appelés en cas d'accident à procurer, à la charge de l'employeur, les soins ou médicaments nécessaires au sinistré, seront choisis par ce dernier dans le rayon le plus proche.

Les honoraires des médecins seront établis et les frais pharmaceutiques seront évalués d'après un tarif qui sera arrêté, pour chaque région, par le Ministère du Travail.

Si le sinistré n'est pas soigné chez lui, chez ses parents ou chez l'employeur, l'employeur ne pourra jamais être tenu des frais médicaux et pharmaceutiques, ou des frais d'hospitalisation que jusqu'à concurrence de la somme fixée par le juge désigné à l'article 17, et conformément au tarif arrêté par le Ministère du Travail.

Dans les cas d'incapacité temporaire, les employeurs pourront se décharger des obligations résultant pour eux de l'application de la présente loi, s'ils justifient : d'une part qu'ils ont affilié leurs ouvriers à des sociétés de secours mutuels assurant à leurs membres, en cas de blessures, des soins médicaux et pharmaceutiques ainsi qu'une indemnité journalière et, d'autre part, qu'ils ont pris à leur charge une quote-part de la cotisation qui aura été déterminée d'un commun accord entre employeur et employé et en conformité des statuts approuvés par le Ministère du Travail. Les employeurs ne seront déchargés desdites obligations que dans la mesure où les sociétés de secours sus visées auront pris à leur charge lesdits frais de maladie et le payement de l'indemnité journalière.

Au cours du traitement, l'employeur aura toujours le droit de faire contrôler l'état du sinistré par tel médecin qu'il désignera.

Les frais d'inhumation mis à la charge de l'employeur ne pourront jamais être supérieurs à la somme de 60 francs.

Art. 10.

Les créances que le sinistré aurait à recouvrer de l'employeur, en exécution de la présente loi, seront garanties par le privilège de l'article 2101 du Code civil et inscrits sous le n° 4.

Art. 11.

Toute convention, antérieure à l'accident et contraire à la présente loi, est nulle de plein droit.

TITRE III. — Assurances.

Art. 12.

Tout employeur pourra s'assurer à une compagnie d'assurances ou à une société d'assurances mutuelles, ou s'affilier à un syndicat de garantie qui s'engagera, sous le contrôle et la surveillance de l'Etat, à couvrir, en cas d'accidents, les risques résultant de l'application de la présente loi, et qui sera, par le fait du contrat, substitué à l'employeur. Le contrat d'assurance pourra reconnaître à l'employeur, comme aux personnes de sa famille et de son personnel non visées par la présente loi, les mêmes avantages qu'aux employés assurés par celui-là.

Si l'employeur n'est pas assuré à l'une des sociétés sus-visées, il versera chaque année, au fonds de garantie, dont il sera parlé à l'article 14, une quote-part, proportionnée à l'étendue et à la nature des responsabilités qui lui incombent, des sommes annuellement nécessaires pour alimenter ce fonds de garantie.

L'employeur non assuré, nonobstant les versements par lui faits au fonds de garantie, restera pleinement et personnellement tenu du payement de toutes indemnités et de tous frais pouvant lui incomber aux termes de la présente loi.

Un règlement d'administration publique déterminera les conditions de surveillance et de contrôle de l'Etat et les modes de garantie auxquelles devront se soumettre les compagnies d'assurances, les sociétés d'assurances mutuelles ou les syndicats de garantie, garantissant les risques prévus par la présente loi.

Art. 13.

Les sociétés d'assurances agricoles mutuelles, constituées dans les conditions prévues par la loi du 4 juillet 1900 et garantissant les risques résultant de l'application des présentes dispositions, devront comprendre au moins 100 adhérents.

Ces sociétés seront tenues de réassurer à une société d'assurances garantissant les accidents des personnes, tout au moins, et ce dans une proportion qui ne sera pas moindre 75 $\%$ du risque total, les risques comportant le payement de rentes viagères.

Art. 14.

Dans les six mois qui suivront la promulgation de la présente loi, les contrats d'assurance antérieurs, souscrits par les employeurs et couvrant partie des risques visés à l'article 1er, pourront être dénoncés par l'assureur ou par l'assuré. Le contrat se trouvera de ce fait résilié à partir du dixième jour qui suivra le jour où la dénonciation aura été dûment reconnue ou aura été signifiée.

La dénonciation de l'assuré restera sans effet si, dans la huitaine de la dénonciation, l'assureur fait parvenir à l'assuré un avenant garantissant, expressément et sans augmentation de prime, tous risques résultant de l'application de la présente loi.

TITRE IV. — Fonds de Garantie.

Art. 15.

Il sera créé un fonds spécial de garantie, en vue d'assurer aux sinistrés, en cas d'insolvabilité du débiteur, le payement des indemnités et frais qui leur seraient dus.

La gestion de ce fonds de garantie sera confiée à la Caisse Nationale des Retraites pour la vieillesse.

Le fonds spécial de garantie sera alimenté par les sommes versées annuellement, aux termes du § 2 de l'art. 12, par les employeurs non assurés à une compagnie, à une société d'assurances mutuelles ou à un syndicat de garantie, contrôlés et surveillés par l'Etat.

Annuellement la Caisse Nationale des Retraites pour la vieillesse fera connaître à chaque employeur non assuré la part contributive, proportionnée à l'étendue et à la nature de sa responsabilité, qui lui incombera dans l'alimentation du fonds de garantie.

Un règlement d'administration publique déterminera les règles à l'aide desquelles ce calcul devra être fait annuellement par la Caisse Nationale des Retraites pour la vieillesse.

A défaut par le débiteur employeur ou par telle société qui lui serait substituée, Compagnie d'assurances, Société d'assurances mutuelles ou Syndicat de garantie, de s'acquitter au moment de l'exigibilité du payement, des indemnités et des frais de maladie mis à sa charge, le payement des dits frais et indemnités sera assuré par les soins de la Caisse Nationale des Retraites pour la vieillesse à l'aide du fonds spécial de garantie, sous réserve du recours à exercer par elle contre l'employeur ou la société qui lui serait substituée.

TITRE V. — Déclarations et Enquêtes.

Art. 16.

La déclaration d'accident aura lieu soit à la mairie du siège du travail, soit, si l'accident a eu lieu dans un arrondissement autre que celui du siège du travail, à la mairie du lieu de l'accident.

La mairie saisie la première en date est valablement saisie. Les tribunaux de l'arrondissement où la déclaration a été faite sont seuls compétents.

La déclaration d'accident sera faite par le sinistré ou l'un des membres de sa famille, ou à leur défaut par l'employeur, le quatrième jour au plus tard après l'accident, ou après le fait nouveau, survenu postérieurement à l'accident, qui en changerait le caractère ou la gravité. Le jour même, le comparant, par lettre remise à la mairie et expédiée par les soins de celle-ci avisera l'autre partie de l'enregistrement de sa déclaration à la mairie.

Dans les quatre jours au plus tard qui suivront la déclaration d'accident, le sinistré adressera à la mairie déjà saisie, le certificat du médecin qui le soigne.

Art. 17.

Dans les deux jours au plus tard, qui suivront le dépôt de ce certificat, la mairie transmettra la déclaration et le certificat au juge de paix qui statuera en matière d'indemnités journalières ainsi qu'il va être dit à l'article 18.

Si la blessure a entraîné ou paraît devoir entraîner, soit la mort, soit une incapacité permanente de travail, le juge de paix procédera, soit d'office, soit à la requête de l'une des parties, à une enquête contradictoire immédiate, en présence des parties ou elles dûment appelées.

Si l'employeur est assuré, le juge de paix devra procéder à l'enquête en présence également de l'assureur.

Le juge de paix, immédiatement après la clôture de l'enquête si la demande tendant à l'obtention d'une demande d'indemnité permanente lui est parvenue, ou au moment du dépôt de cette demande si cette demande ne lui parvient que postérieurement, transmettra au Président du Tribunal le dossier de l'enquête, et la demande. Un règlement d'administration publique déterminera les conditions de forme à donner à la déclaration et au certificat. Il prescrira s'il y a lieu la procédure particulière à suivre pour l'enquête.

TITRE VI. — Compétence, Juridiction, Procédure, Revision.

Art. 18.

Le juge de paix, régulièrement saisi, connaîtra, quel que soit le chiffre de la demande : en dernier ressort, de toutes les actions en demande de payement des indemnités temporaires visées à l'article 5 et des frais énoncés à l'article 9 si la demande en payement de ces frais n'excède pas 300 francs ; il connaîtra seulement, en premier ressort des demandes relatives à ces frais si la demande excède le chiffre de 300 francs.

La décision du juge de paix devra être rendue en présence de l'employeur, du sinistré et de l'assureur entendus, ou eux dûment appelés, dans les 15 jours de la demande ; cette décision sera exécutoire nonobstant opposition.

Si l'employeur est assuré, la décision du juge de paix spécifiera que l'assureur est substitué entièrement à l'employeur.

Art. 19.

Le tribunal de première instance connaîtra de toutes les actions en demande de payement des indemnités permanentes.

Le président du tribunal, dans les dix jours du dépôt du dossier d'enquête par le juge de paix convoquera le sinistré ou ses ayants-droit, l'employeur et son assureur s'il y a lieu.

En cas d'accord entre les parties, l'indemnité sera définitivement fixée par une ordonnance du président.

En cas de désaccord, les parties seront par lui renvoyées à se pourvoir devant le tribunal, à la requête de la partie la plus diligente.

Dans l'ordonnance de renvoi le président pourra substituer à l'indemnité journalière une provision inférieure au demi-salaire, ou dans la même limite, allouer une provision aux ayants-droit. Cette décision ne pourra être frappée d'appel.

Si l'employeur est assuré, l'ordonnance ou le jugement spécifiera que l'assureur est entièrement substitué à l'employeur.

Les jugements des tribunaux de première instance rendus en

la matière devront être prononcés dans le délai de deux mois à partir de l'ordonnance de renvoi, ils sont exécutoires, nonobstant opposition. La Cour devra statuer d'urgence dans le mois de l'appel interjeté contre ces jugements.

Art. 20.

Toutes actions quelconques dérivant des présentes dispositions seront prescrites dans le délai d'un an à dater du jour de l'accident en matière d'indemnités temporaires ou à dater du jour de la clôture de l'enquête du juge de paix en matière d'indemnités permanentes.

Art. 21.

Les parties intéressées pourront, en raison d'**un** fait nouveau, tel que l'atténuation, l'aggravation de l'infirmité ou le décès du sinistré, demander la révision de la décision du juge de paix, de l'ordonnance du président ou du jugement du tribunal. Cette action soumise aux mêmes juridictions et procédures que précédemment sera prescrite dans le délai de deux années à compter du jour où a été rendue cette décision, cette ordonnance ou ce jugement.

Art. 22.

L'assistance judiciaire sera accordée de plein droit sur le visa du Procureur de la République, au sinistré ou à ses ayants-droit, en première instance pour toutes actions dérivant de la présente loi, et en appel pour l'acte d'appel, comme aussi pour l'acte de désistement d'appel. Elle pourra être accordée au sinistré qui se pourvoira devant le bureau d'assistance judiciaire, pour en obtenir le bénéfice en vue de la procédure d'appel, mais en ce cas l'appelant devra fournir les pièces justificatives de son indigence.

TITRE VII. — Dispositions générales.

Art. 23.

Tous actes de procédure, tous jugements rédigés, faits ou rendus en exécution des présentes dispositions, toutes pièces quelconques seront délivrés sans frais aucuns, visés pour timbre et enregistrés gratuitement.

Un règlement d'administration publique déterminera les émo lûments qui seront accordés aux greffiers de justice de paix, en rétribution de leurs concours pour quelque cause que ce soit.

Art. 24.

La présente loi ne sera applicable que six mois après la publication officielle des règlements d'administration publique qui doivent en assurer l'exécution.

Art. 25.

Un règlement d'administration publique déterminera les conditions dans lesquelles la présente loi sera applicable à l'Algérie et aux colonies.

Le Mans. — Association Ouvrière, 5, r... du Porc-Épic.